I0772626

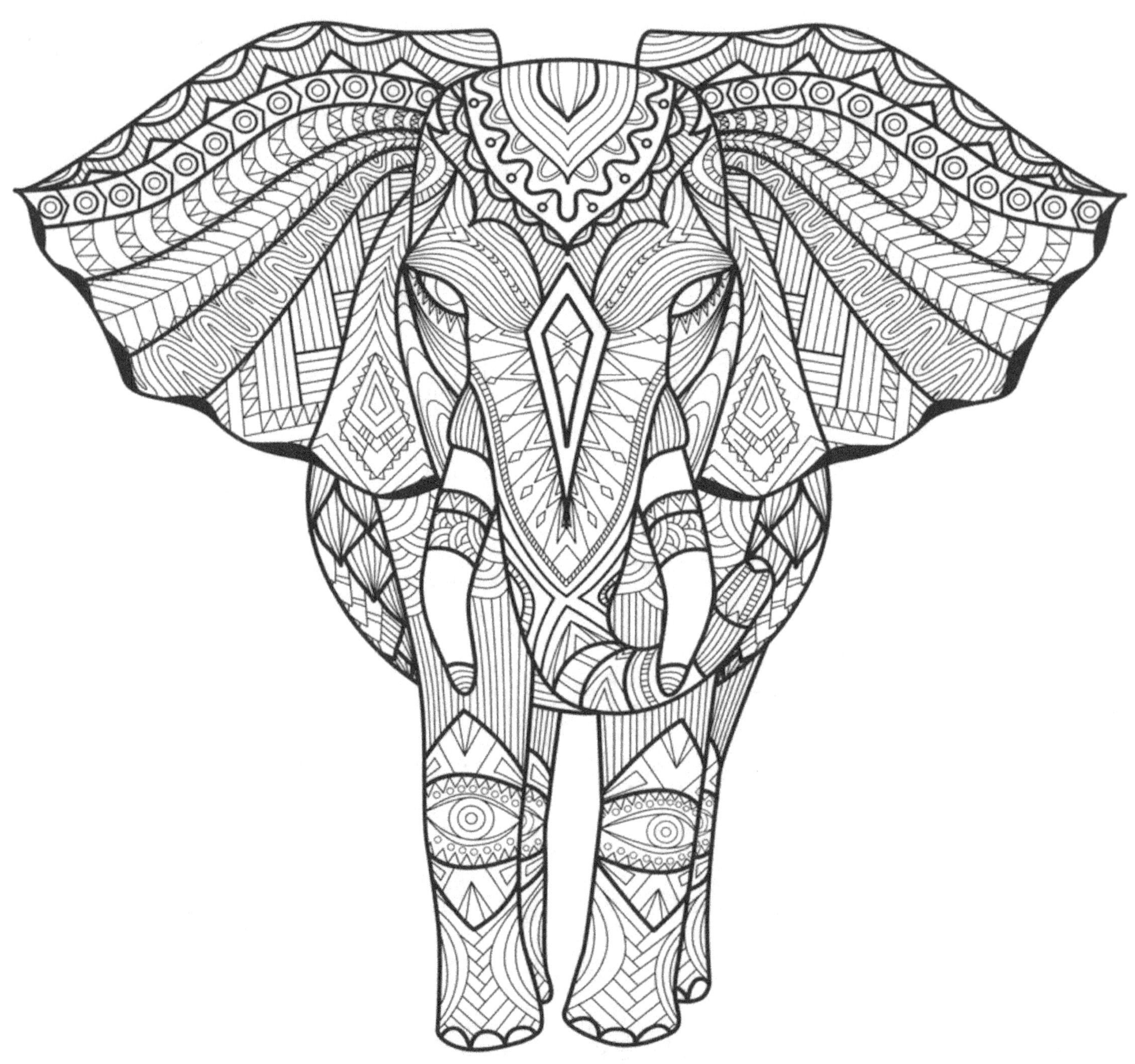

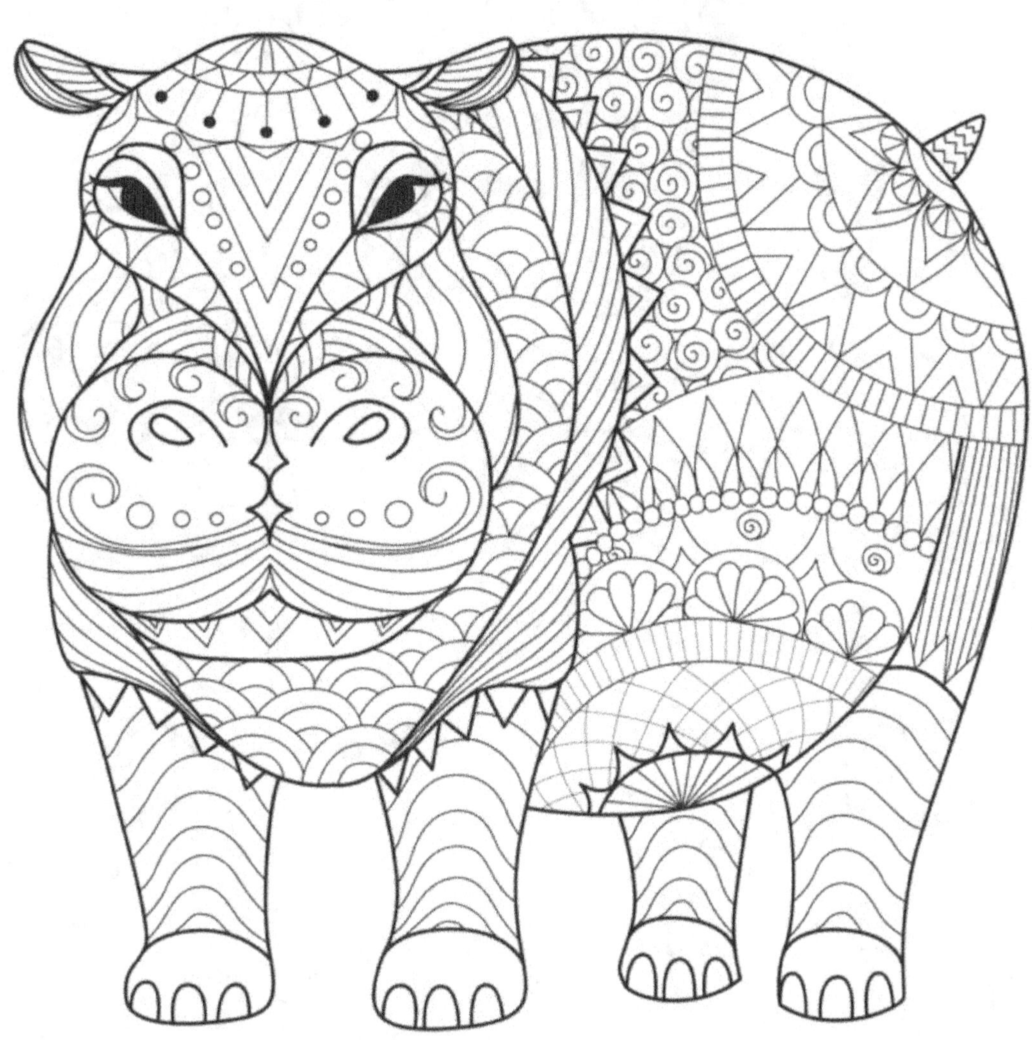

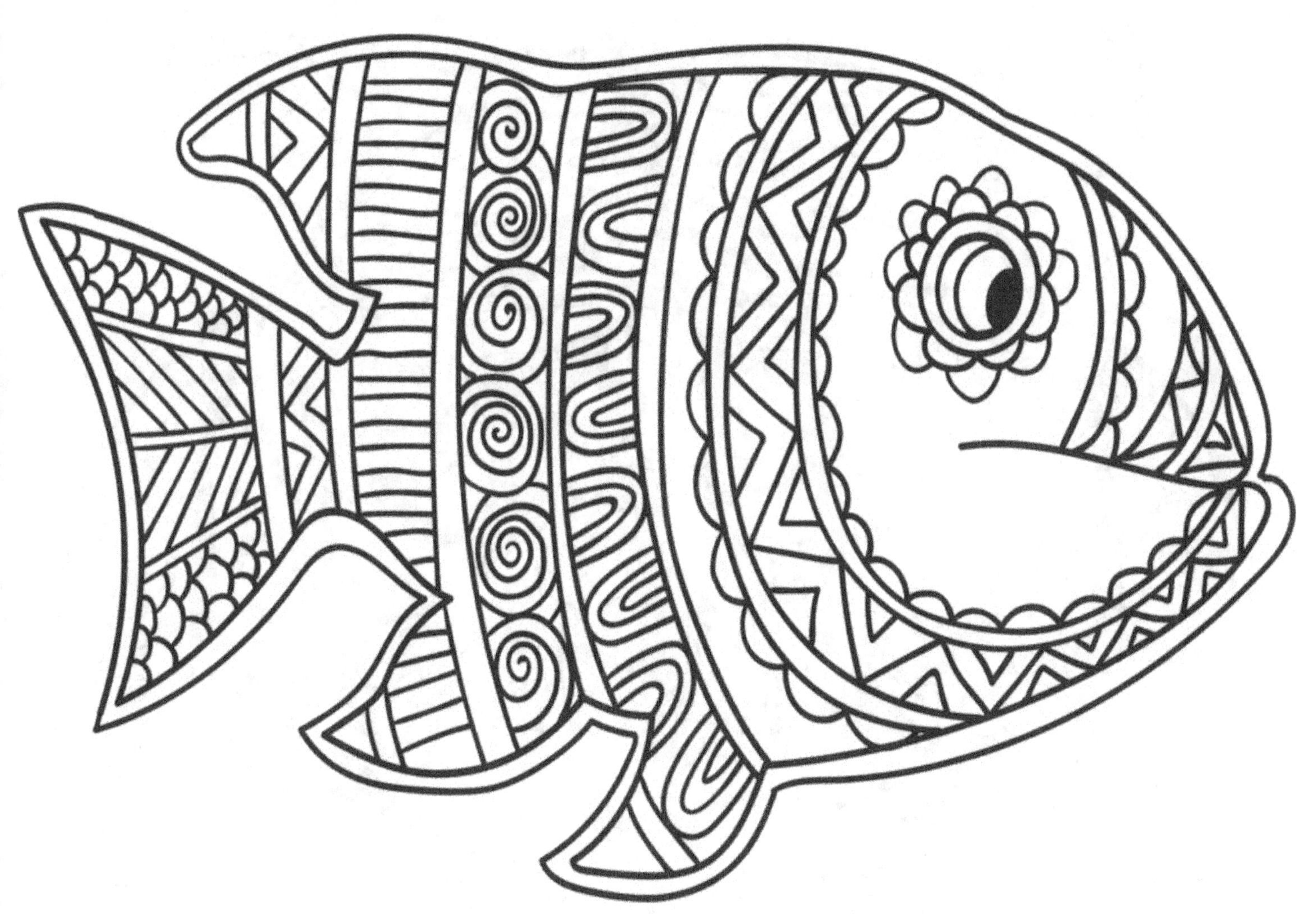

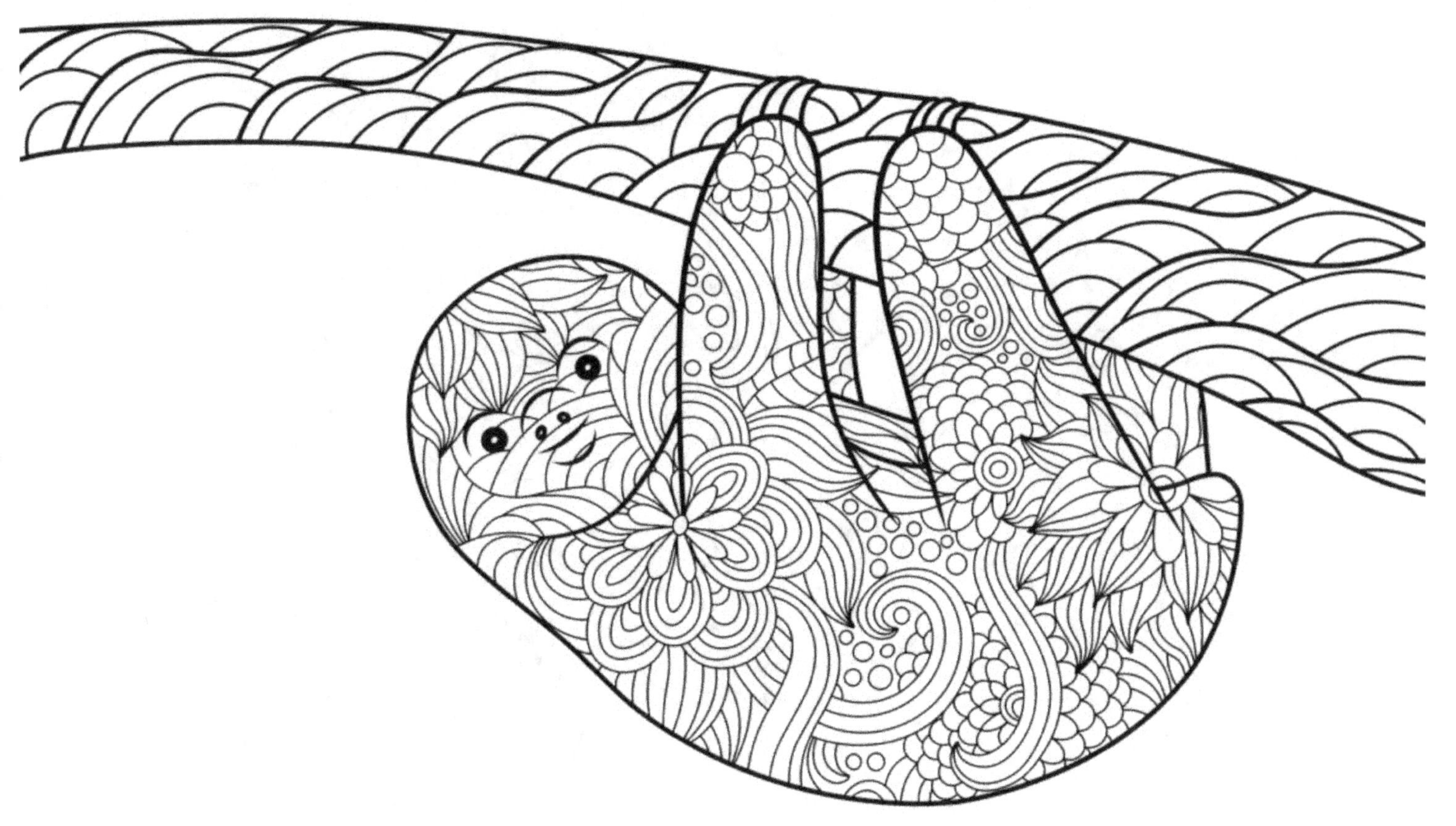

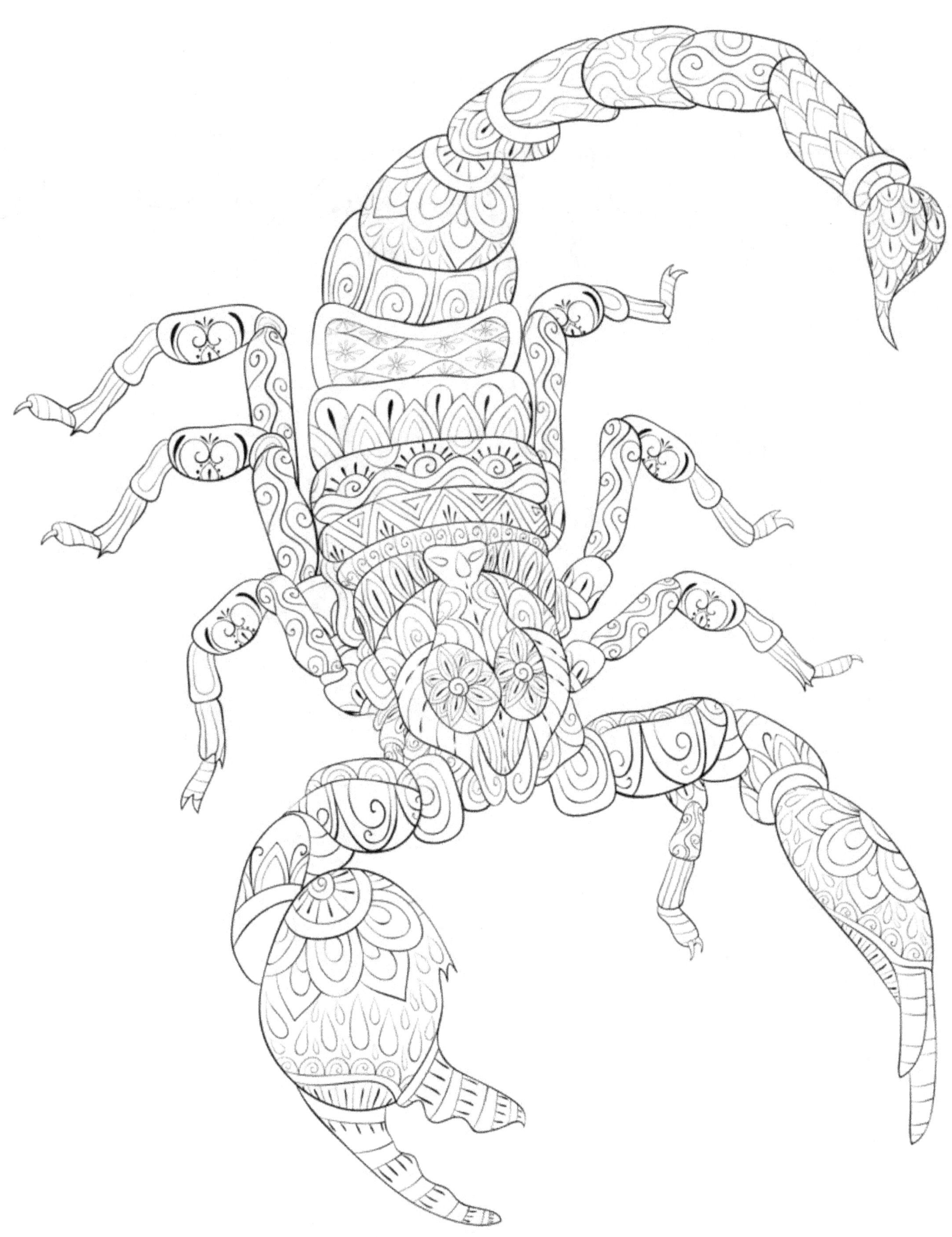

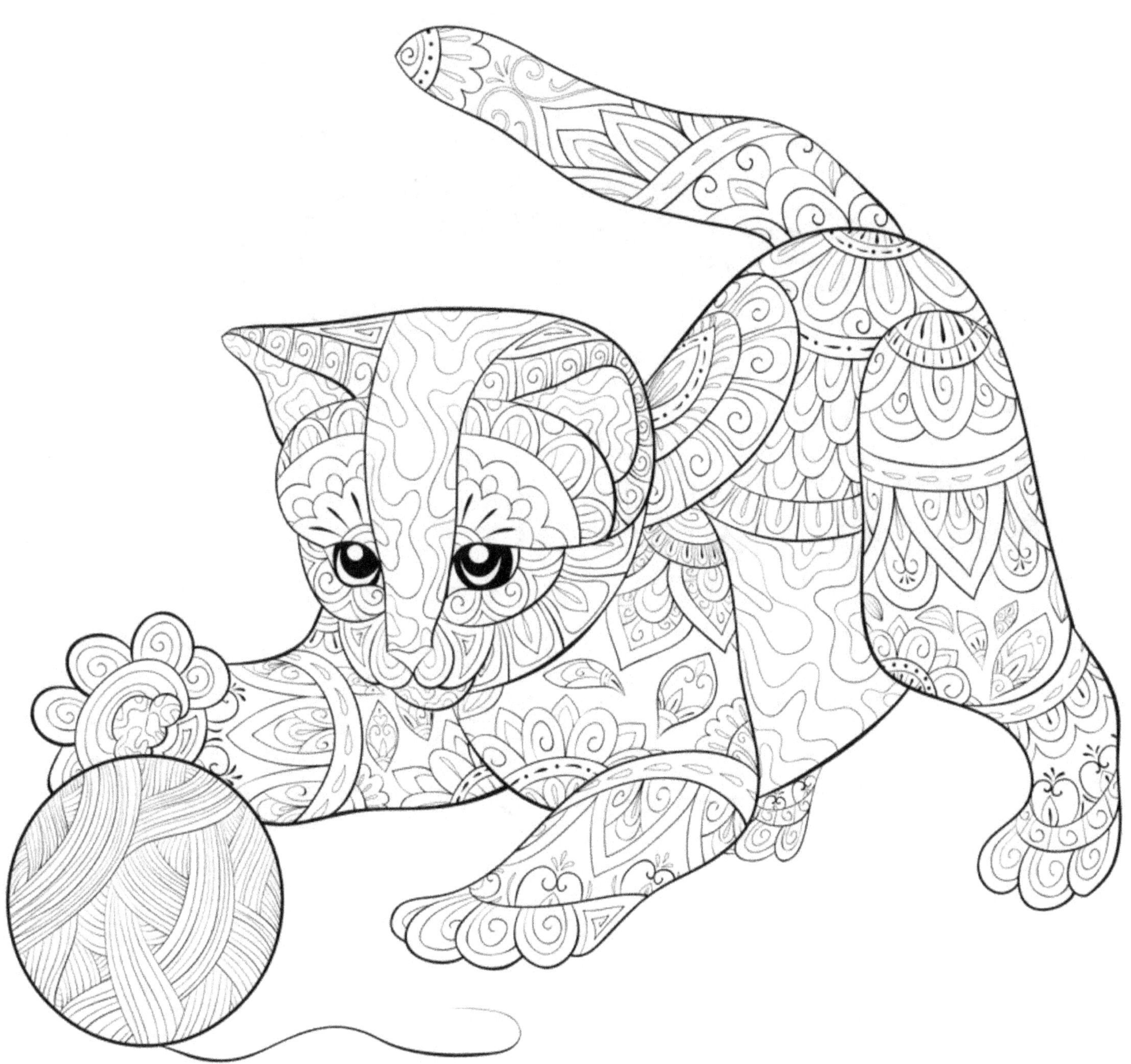

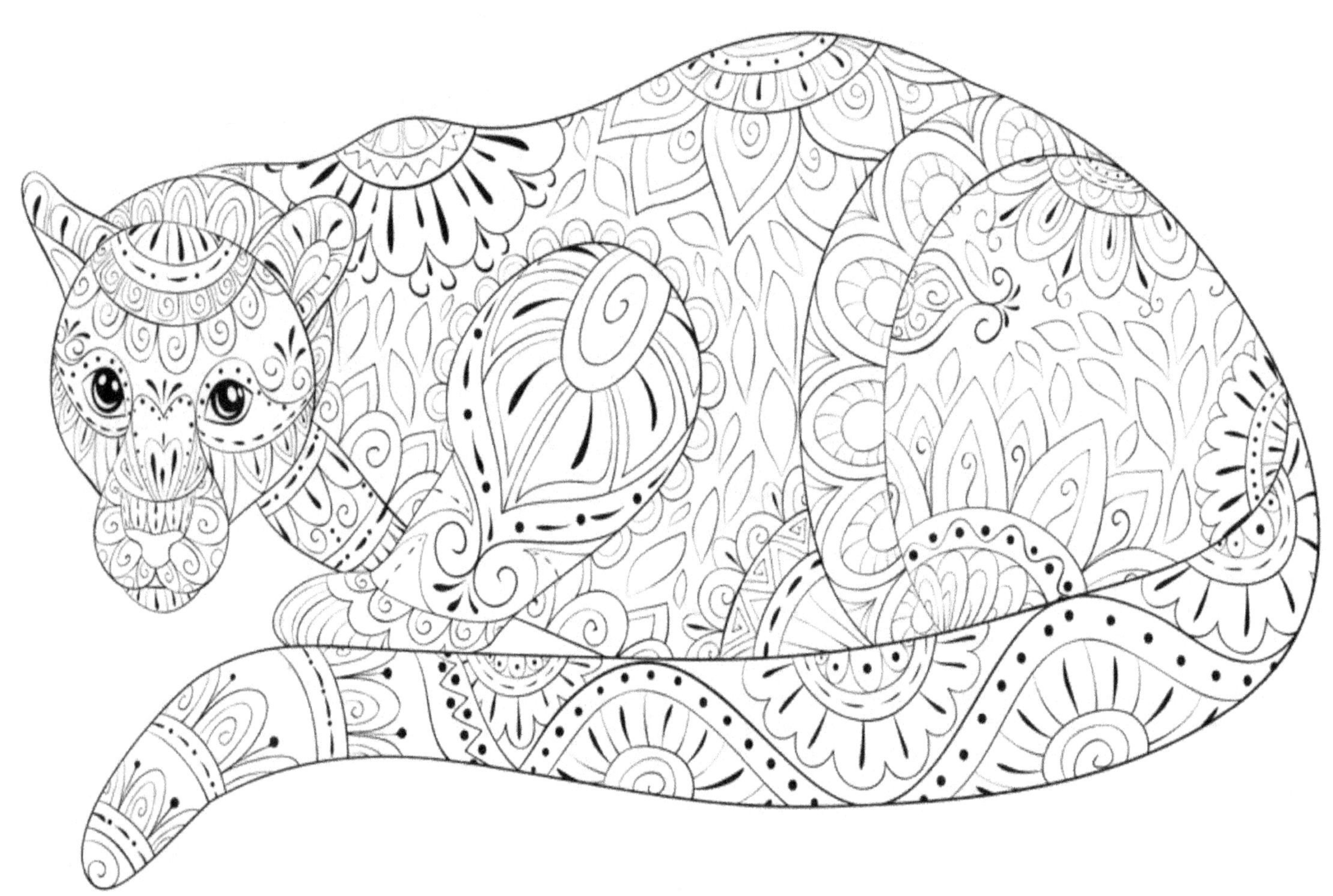

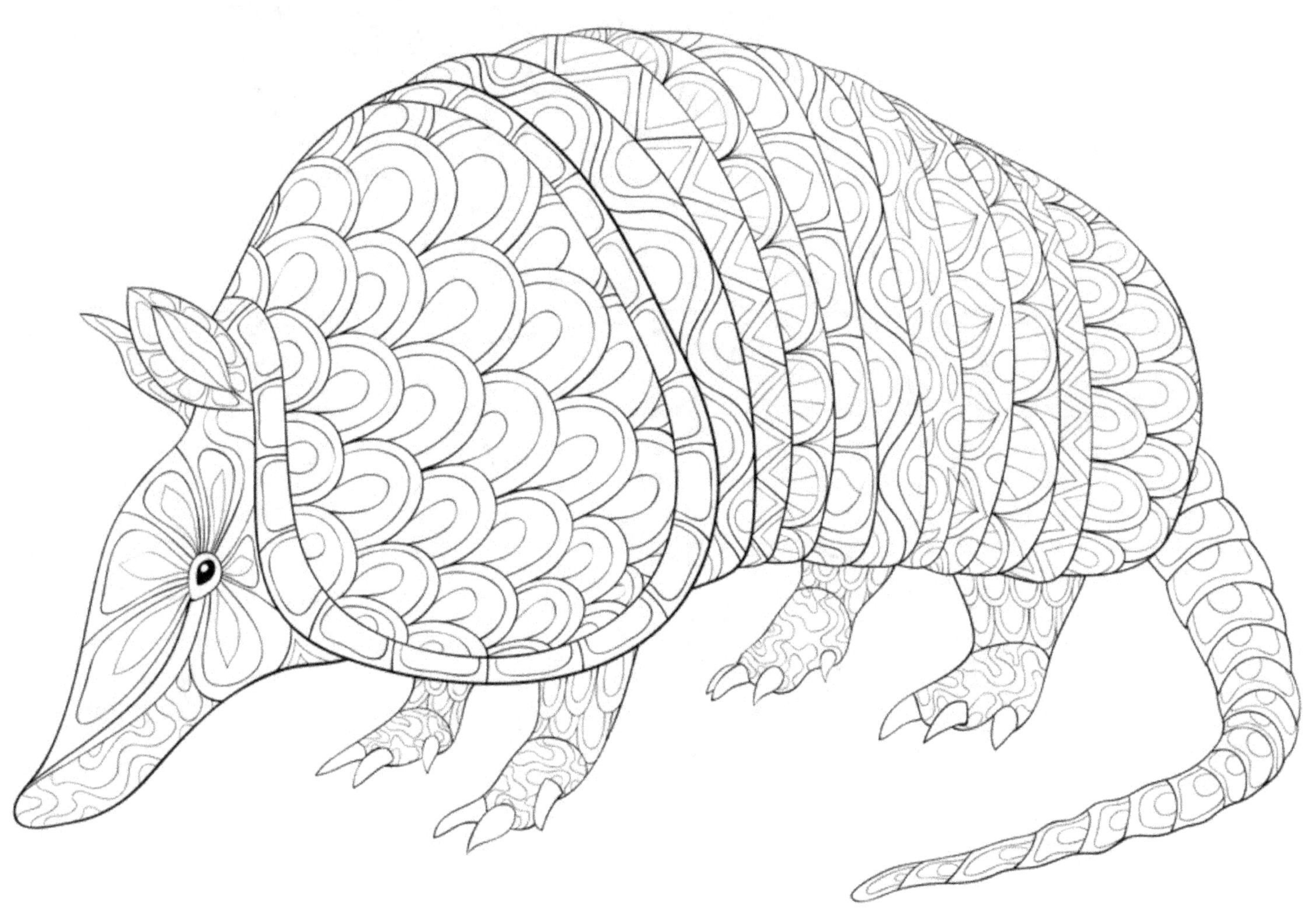

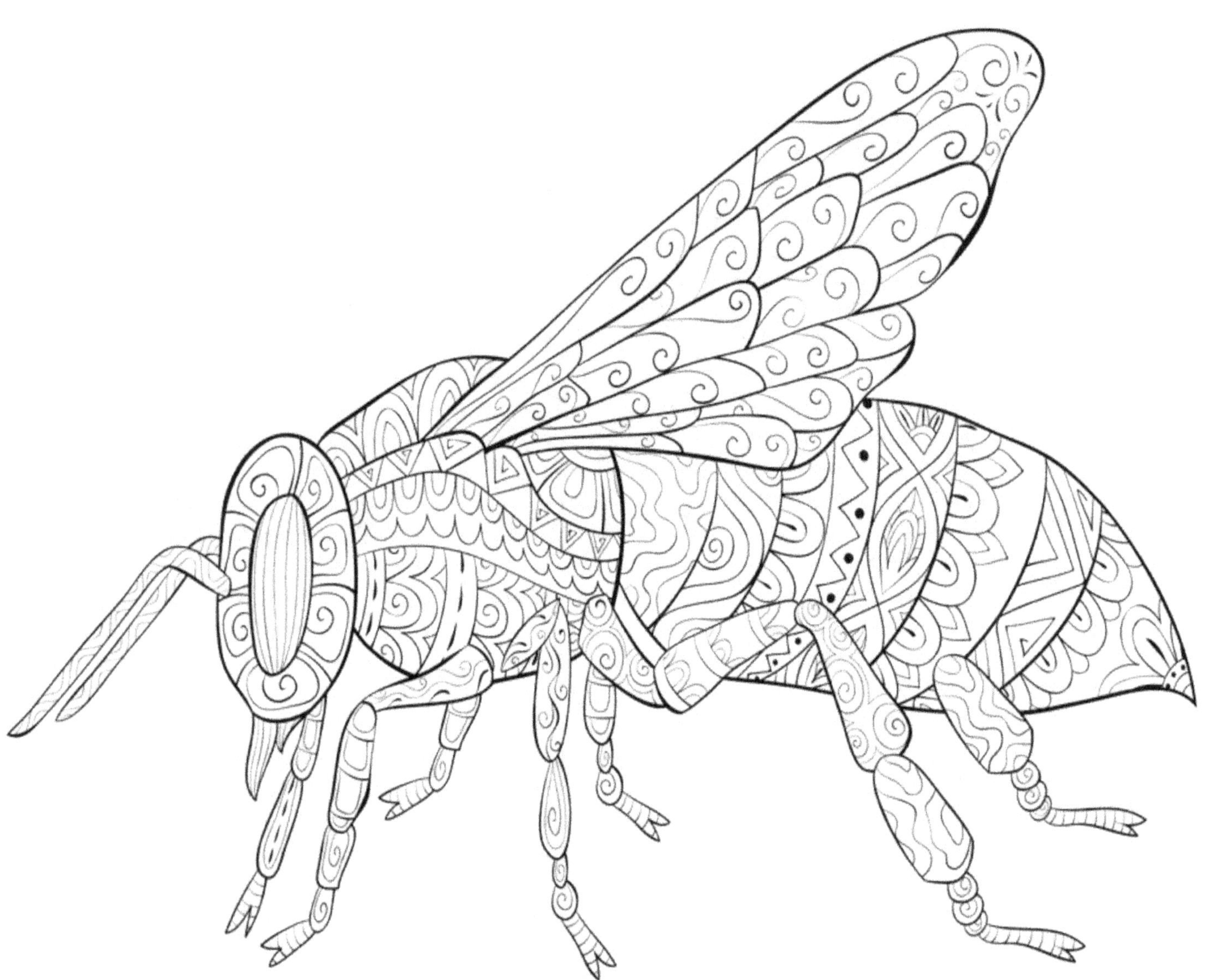

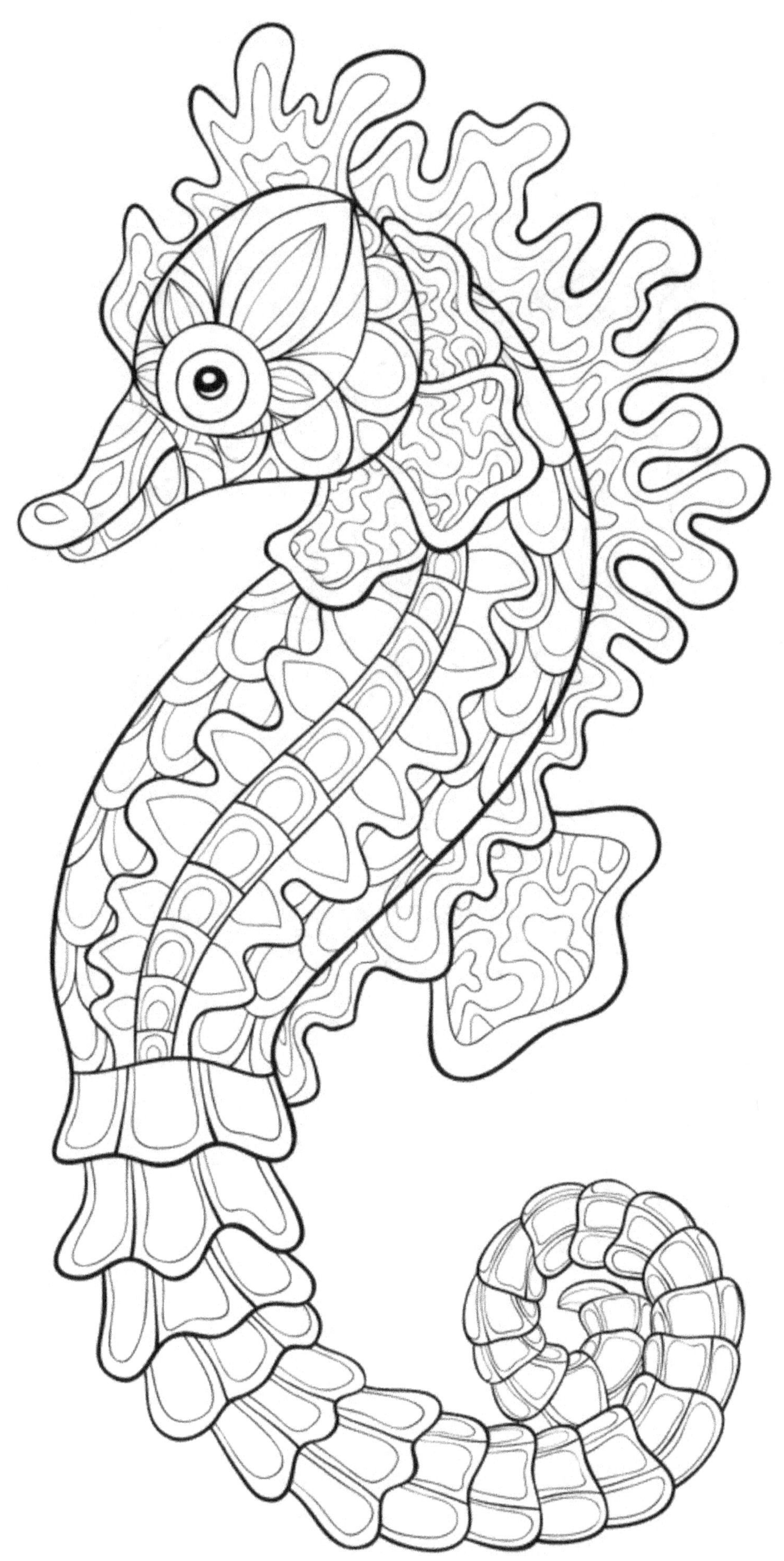

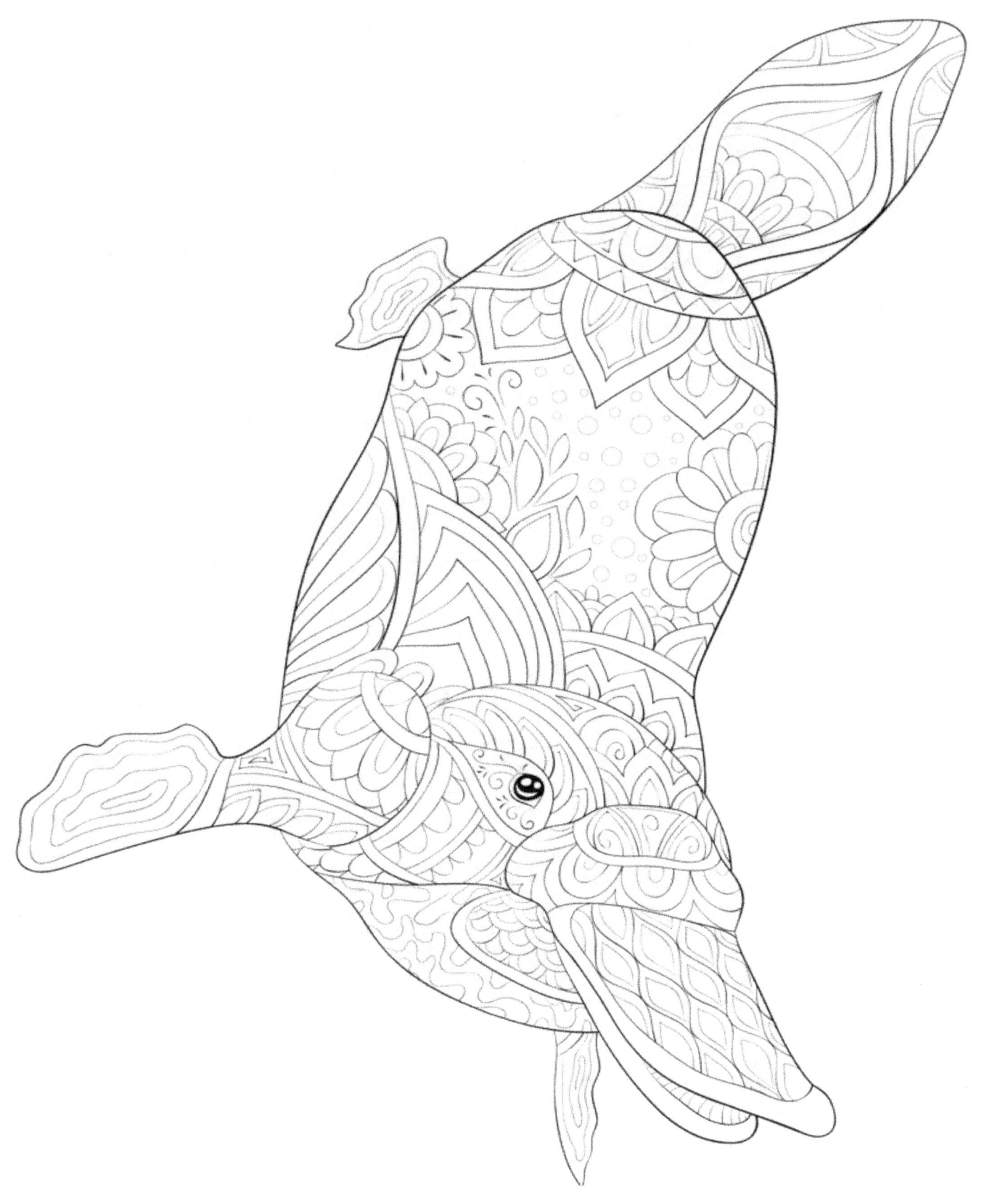

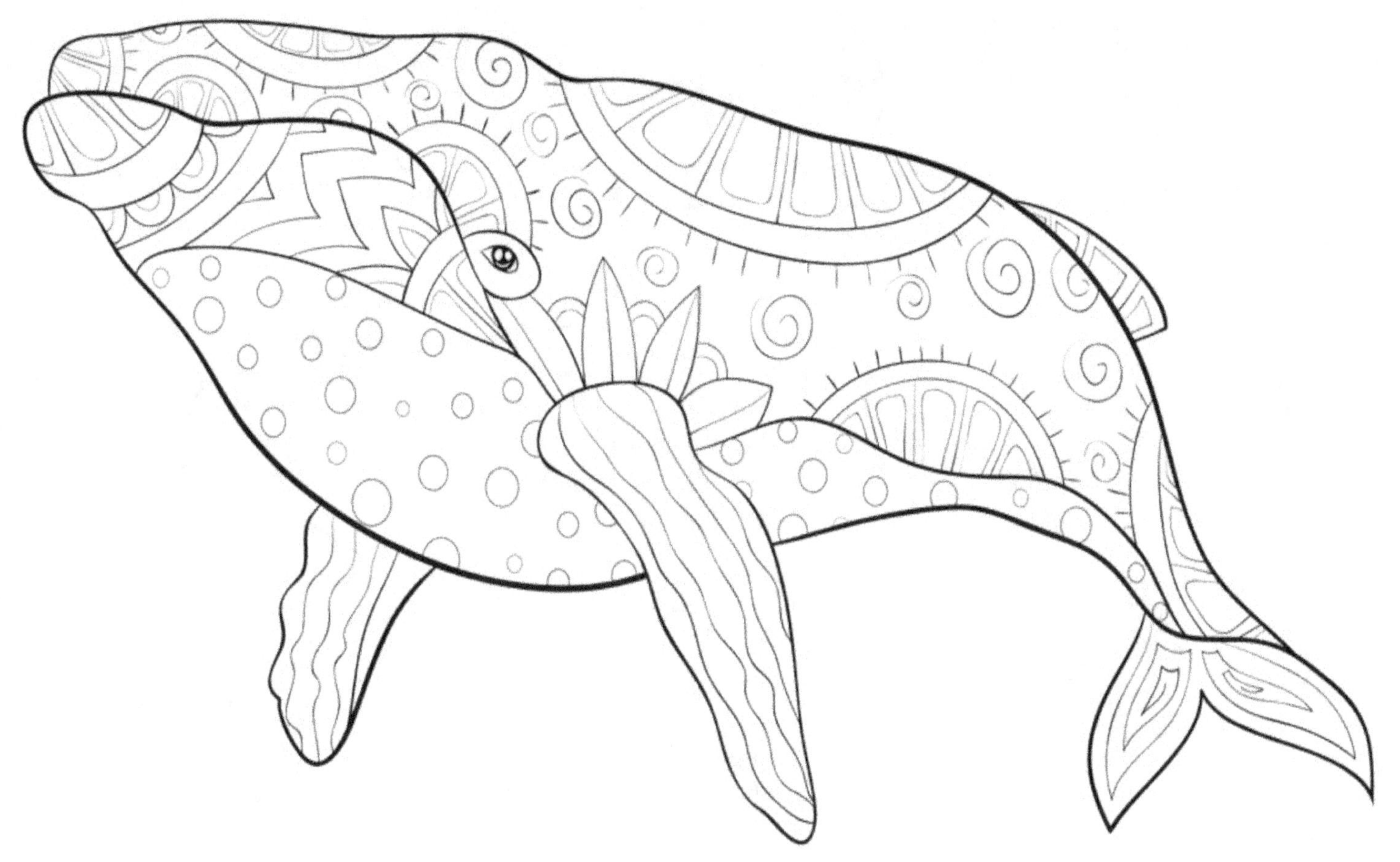